DISCOURS

DE

M. L. BUFFET

*Extrait du procès-verbal des séances des 26 juin 1852
et 28 mars 1862.*

« L'autorisation accordée à un orateur de faire imprimer
« à ses frais le discours qu'il a prononcé, n'implique pas, de
« la part du Corps législatif, l'approbation du discours dont
« l'impression a été autorisée. »

Tours, imp. Mazereau et Cie.

DISCOURS

PRONONCÉ AU CORPS LÉGISLATIF

le 5 juillet 1867

PAR

M. L. BUFFET

Ancien Ministre, Député

SUR L'ÉQUILIBRE

DU BUDGET

———

Édition populaire : 15 centimes.

———

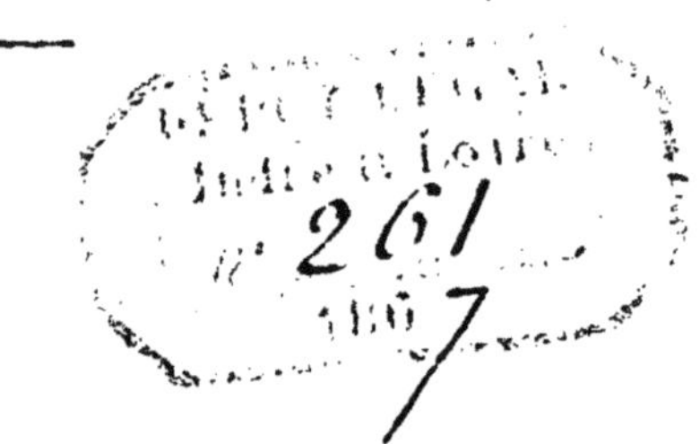

TOURS

IMPRIMERIE ET LIBRAIRIE E. MAZEREAU ET Cie, ÉDITEURS

PARIS : Librairie du *Petit Journal*, 21, boulevard Montmartre.

En France et à l'étranger, chez tous les libraires.

1867.

Tous droits réservés.

DISCOURS

DE M. L. BUFFET

SUR

L'ÉQUILIBRE DU BUDGET

PRONONCÉ LE 5 JUILLET 1867

AU CORPS LÉGISLATIF.

MESSIEURS,

Je n'ai que de très-courtes observations à présenter à la Chambre, et je demande à les faire de ma place. (Parlez!)

Je n'ai pas le dessein d'intervenir dans le débat qui s'est engagé hier et aujourd'hui sur le chiffre de la plus-value qu'on peut espérer en 1867 des impôts indirects. Je ne veux pas intervenir dans ce débat parce qu'il me paraît épuisé, bien que la conclusion qu'on doit en tirer ne soit peut-être pas encore bien évidente pour tout le monde ni pour moi-même. Je n'y interviendrai pas pour cet autre motif, que les calculs auxquels on s'est livré ont pour but de justifier ou de contester, par des considérations et par des faits particuliers à l'exercice 1867, l'application à cet exercice d'une règle que, pour ma part, je repousse d'une manière absolue, dont je n'admets l'application à aucun exercice.

L'art. 3 de la loi des finances que vous discutez en ce moment, vous propose, on vous l'a répété bien des fois déjà, d'ajouter aux recettes prévues par le budget primitif une recette supplémentaire de 94 millions.

Comment obtient-on cette recette supplémentaire, au moins pour la plus grande partie, car mes observations ne porteront que sur les 85 millions qu'on attend de la plus-value des contributions indirectes?

On l'obtient par un procédé extrêmement simple, qui n'exige nullement, pour être appliqué, cette étude attentive, cette investigation minutieuse des faits que mon honorable ami, M. de Lavenay, présentait hier comme la condition nécessaire de la préparation du budget rectificatif. Ce procédé extrêmement simple consiste à doubler dans les budgets rectificatifs l'accroissement obtenu sur les contributions indirectes dans le dernier exercice connu.

Eh bien! Messieurs, j'affirme que si ce procédé est simple, il est extrêmement dangereux, il est souverainement imprudent, et j'ai la conviction profonde que s'il n'est pas abandonné, il fera des déficits, ou, si vous voulez une expression plus adoucie, des découverts...

M. BELMONTET. C'est la même chose.

M. BUFFET. Je ne dirai pas l'état permanent, mais l'état habituel, le mal chronique, constitutionnel de nos budgets.

M. GARNIER-PAGÈS. Très-bien!

M. BUFFET. J'ai la conviction que vous n'obtiendrez, tant que vous persévérerez dans cette manière d'établir les budgets, qu'un équilibre accidentel, instable, équilibre réalisé un instant et dérangé presque aussitôt; vous aurez inévitablement une série presque continuɇ de découverts, venant s'ajouter à la dette flottante, rendant nécessaires, au bout d'un certain nombre d'années, des consolidations successives qui accroîtront de plus en plus la dette publique, et que vous reculerez ainsi, dans une perspective, dans un avenir à peu près indéfini, le moment où vous pourrez faire des réductions de taxes vraiment opportunes, et opérer un amortissement réel, effectif de la dette publique, c'est-à-dire un amortissement qui diminue une dette ancienne sans constituer, en même temps, une dette nouvelle égale et quelquefois supérieure à la première. (Très-bien ! très-bien ! sur divers bancs.)

Eh bien, à ce système, à ce procédé que je combats, que je repousse d'une manière absolue, j'en oppose un autre, dont assurément je ne suis pas l'inventeur. Si j'avais fait, en pareille matière, une découverte, elle m'inspirerait à moi-même, et elle devrait, à plus forte raison, inspirer à la Chambre une légitime défiance. Mais le procédé que je propose, sans l'avoir inventé et auquel je puis donner pour patrons toutes les autorités financières, consiste à appliquer à la confection du budget rectificatif les mêmes règles qu'à la confection du budget primitif. (Très-bien !)

Je ne dis pas, remarquez-le bien, que l'on doive porter, dans les évaluations du budget rectificatif, les mêmes chiffres que dans le budget primitif ; mais je dis que les évaluations de l'un et de l'autre budget doivent être soumises aux mêmes règles. Or, messieurs, quelles sont ces règles pour le budget primitif ? Ici, je suis obligé, bien à regret, pour la clarté de mon raisonnement, de répéter des choses qui vous ont été déjà parfaitement dites.

Quelle est la règle d'après laquelle vous établissez les évaluations de recettes du budget primitif ? Vous prenez pour base le dernier exercice dont les résultats soient connus, et vous portez en prévision dans le budget que vous préparez, non pas un chiffre arbitraire de recettes espérées, conjecturales, mais le chiffre des recettes réalisées dans le dernier exercice.

Ainsi, quand en 1866 vous avez voté le budget de 1867, vous avez porté en recette les recettes réalisées en 1865.

Maintenant, le chiffre posé en vertu de cette règle, le chiffre des revenus réalisés dans l'exercice précédent comporte, je le reconnais, en plus ou en moins, certaines modifications parfaitement légitimes. Mais quelles sont ces modifications légitimes ? Ce sont celles que motivent non pas des conjectures, mais des faits positifs. Ainsi, quand vous supprimez un impôt ancien ou que vous établissez un impôt nouveau, il est clair que vous devez tenir compte en plus ou en moins du produit de l'impôt que vous supprimez et du produit que vous pouvez raisonnablement attendre de l'impôt nouveau. Voilà comment vous établissez le budget primitif.

Quand vous arrivez au budget rectificatif devez-vous procéder autrement?

Mon honorable ami M. de Lavenay disait hier, si j'ai bien saisi sa pensée, qu'il exprimait d'ailleurs avec la plus remarquable lucidité, que le budget primitif s'établissait d'après certaines règles un peu conventionnelles, un peu mécaniques, mais que quand on arrivait au budget rectificatif, on devait se placer sérieusement en présence de faits qu'il était alors plus facile de connaître, et qu'une appréciation sérieuse et approfondie de la réalité devait remplacer les évaluations basées sur des règles purement conventionnelles.

J'en demande pardon à l'honorable président de la section des finances au conseil d'État; mais quand on applique au budget rectificatif le procédé d'évaluation qu'il soutient et que je repousse, on ne se met pas plus en présence des faits que lorsqu'on détermine les évaluations du budget primitif conformément à la règle dont je réclame avec énergie l'adoption pour tous les budgets. Au lieu d'ajouter seulement aux évaluations premières l'accroissement de recettes du dernier exercice, vous doublez purement et simplement cet accroissement. Votre procédé n'est pas moins mécanique et il est extrêmement dangereux. Pour moi, je vous demande de procéder pour le budget rectificatif exactement de la même manière que pour le budget primitif. Quand vous avez fait le budget primitif, vous avez pris pour base les recettes de 1865, parce que c'était le dernier exercice connu. Aujourd'hui, au moment où vous rectifiez en cours d'exercice le budget de 1867, voté l'année dernière, vous connaissez les résultats de l'exercice 1866, et dès lors, vous avez pafaitement le droit de substituer les recettes de 1866 à celles de 1865; vous obtenez ainsi dans votre budget rectificatif un accroissement de recettes de 40 et quelques millions, accroissement que je considère comme parfaitement légitime et régulier. Sans doute, il est possible que vous ayez des mécomptes; sans doute, il n'est pas absolument démontré que vous aurez en 1867 des recettes égales à celles de 1866; mais, quand vous ne supposez aucun accroissement, quand vous vous bornez à porter, en prévision de recettes, — car un budget ne peut se composer que de prévisions, — le chiffre des recettes réalisées dans la dernière année, vous avez fait tout ce que la prudence exige, et, s'il y a des mécomptes, en bonne justice, ils ne vous sont pas imputables, ils peuvent être considérés comme le résultat d'une sorte de force majeure dont vous n'êtes plus responsables.

Mais, si j'admets cette règle sage et qui n'est pas, remarquez-le bien, très-rigoureuse, — car il n'est pas aussi certain ni même aussi probable que vous aurez en 1867 les recettes de 1866, qu'il était probable et à peu près certain que vous obtiendriez au moins celles de 1865, déjà plus éloignées, — si j'admets, quand vous aurez suivi cette règle, qu'aucun reproche d'imprudence ne pourra vous être adressé, je n'en dirais pas autant quand, non contents de porter dans le budget rectificatif les accroissements obtenus l'année précédente, vous doublez ces accroissements?

En admettant, comme on a cherché à le démontrer, que l'espérance de ce doublement se réalise en 1867, comme il s'est réalisé souvent dans les années antérieures, vous aurez, en procédant comme vous le faites, escompté cette espérance, et il ne vous restera plus rien pour faire face à des éventualités au moins aussi pro-

1.

bables, aux éventualités de dépenses imprévues. (Très-bien! Très-bien!) Et j'ai bien le droit de dire : il ne vous restera plus rien ; car, après avoir escompté pour les dépenses prévues vos espérances d'accroissement de recettes, vous escomptez encore les annulations de crédit, non pas même ces annulations de crédit dont une étude attentive des faits ferait reconnaître l'opportunité, mais les annulations éventuelles. Oh! si vous me disiez : Il y a telle dépense que nous avions votée l'année dernière, mais qui, nous le savons aujourd'hui, ne doit pas se faire, je ne contesterais pas cette annulation, et je ne vous reprocherais pas d'en tenir compte dans le travail de rectification du budget; ce que je conteste c'est le parti que vous tirez, à l'avance, des annulations éventuelles. Je soutiens que les présomptions d'annulations, les espérances d'accroissements de recettes doivent être réservées pour faire face aux dépenses imprévues.

Car enfin, je ne saurais trop insister sur ce point capital, si vous ne réservez rien pour l'imprévu, et, dans le système que vous suivez, vous ne reservez rien, absolument rien, toutes les fois que cet imprévu se présentera, et vous m'accorderez bien qu'il se présentera souvent, mais disons seulement, si vous le voulez, qu'il se présentera quelquefois, toutes les fois, dis-je, qu'il y aura mécompte sur la recette ou mécompte sur la dépense, toutes les fois que vous serez surpris par des événements qu'aucune prudence humaine ne peut signaler à l'avance ni conjurer, qu'arrivera-t-il? Vous aurez un découvert, vous aurez un budget qui laissera nécessairement une charge nouvelle à la dette flottante et, un peu plus tard, à la dette consolidée, et si vous persistez toujours dans ce même système, je dis, — je ne sais si je parviens à mettre dans mes paroles la clarté qui est dans ma pensée, mais, si je parvenais à rendre ma pensée aussi lucide qu'elle m'apparaît, je suis certain que ma conviction passerait dans l'esprit de ceux qui me font l'honneur de m'écouter, — je dis que si vous persistez dans ce système, il aura pour conséquence fatale, inévitable, en dépit de toutes les bonnes intentions, d'amener un déficit fréquent, habituel, un déficit passant par la dette flottante pour venir presque périodiquement grossir la dette consolidée. C'est par conséquent l'ajournement indéfini de cette situation financière, toujours poursuivie, toujours désirée, bien souvent promise, mais jamais sérieusement atteinte : l'équilibre normal et permanent de nos budgets.

Messieurs, j'ai l'intime conviction qu'à cette situation si désirable, vous n'arriverez qu'en appliquant aux évaluations de recettes du budget rectifie les sages et prudentes règles que tout le monde admet, quand il s'agit du budget primitif. (Approbation sur plusieurs bancs.)

Hier, après avoir demandé inopinément la parole au moment où l'honorable M. de Lavenay développait la thèse que je combats en ce moment, j'indiquais ma pensée à un de mes collègues qui m'a fait une objection, et comme cette objection pourrait se reproduire ici, je vous demanderai la permission de la préciser et d'y répondre.

On m'a dit : Vos principes sont sans doute, en thèse générale, incontestables; mais comment les appliqueriez-vous au budget de 1867, et quelle serait la conséquence de cette application, si elle était admise par la Chambre? Que ferait-on? On retrancherait 43 millions de recettes. Mais pourrait-on retrancher aussi 43 millions du budget des dépenses pour l'équilibrer au moins dans son état actuel et en laissant de côté les 158 millions qui vont former cette année un budget nouveau, à ajouter à tous les autres, un budget exceptionnel, comme l'a très-justement appelé hier M. de Saint-Paul? Et pour le dire en passant, ces 158 millions ne devraient pas figurer à part dans un budget spécial. La commis-

sion aurait dû les faire rentrer dans le budget rectificatif et les y porter au budget extraordinaire, mais je
n'insiste pas en ce moment sur ce point qui m'éloigne-
rait de l'ordre d'idées que je suis. Je laisse de côté ces
188 millions, et je réponds à la question qui m'était faite :
Pourrez-vous supprimer 43 millions de dépenses?

Ma réponse à cette objection sera fort simple. Nous
n'examinons pas en ce moment les dépenses, mais
je me place dans l'une ou l'autre de ces hypothèses : ou
l'on peut retrancher 43 millions de dépenses, ou on ne
le peut pas; — si on le peut, on doit le faire, — si on
ne le peut pas, alors, je le reconnais, dans le système
que je propose, le budget rectificatif sera voté avec un
déficit de 43 millions. Eh bien, je le dis nettement, je
préférerais beaucoup qu'il en fût ainsi; car quel inconvénient pratique y aurait-il à cela? Quand vous aurez
voté ce budget en déficit, il arrivera nécessairement
l'une de ces deux choses: ou vos espérances de 43 millions, dont je vous demande de ne pas faire des prévisions de recettes, ne se réaliseraient pas, et alors dans
votre système comme dans le mien, vous aurez, en fin
de compte, un découvert de 43 millions; — ou bien les
43 millions espérés seront réellement perçus, et il com-
bleront le déficit prévu.

Il n'y aurait donc aucun inconvénient pratique à
voter par suite de l'admission d'une règle salutaire le
budget rectificatif de cette année avec ce déficit réel ou
apparent de 43 millions; non-seulement il n'y aurait
aucun inconvénient, mais j'affirme qu'il y aurait un
grand avantage pratique, et cet avantage, messieurs, est
celui-ci:

Un budget voté en déficit est une chose anormale, une
chose déplorable, compromettante, et vous pouvez
compter qu'on ne voudra pas présenter plusieurs budgets
dans de telles conditions. Aussi, dès que vous aurez fer-
mement établi la règle, si salutaire, ou mieux, si né-

cessaire, que je réclame, tenez pour certain que l'on s'arrangera pour que l'effet de cette règle ne soit pas de faire présenter au Corps législatif des budgets en déficit. Et pour qu'il n'en soit pas ainsi, on exercera sur soi-même une pression très-énergique, et on fera rentrer à tout prix les dépenses futures dans les limites que vous aurez déterminées.

Et ainsi, après avoir voté sans aucun inconvénient, si cela est nécessaire, le budget actuel en déficit, vous au-rez prévenu, par cette sage mesure, le déficit des budgets futurs.

Je raisonne en admettant ce déficit dans l'hypothèse où le retranchement d'une dépense de 43 millions serait impossible; mais si on m'affirme qu'en effet cette ré-duction est impossible, je tire de cette impossibilité une autre et très-sérieuse conséquence.

Dans les discussions qui se sont engagées cette année et les années précédentes au sein du Corps législatif sur la situation financière, aux honorables membres qui s'effrayaient de la situation et qui, pour justifier leurs appréhensions, déroulaient cette longue série de budgets se soldant par des découverts, on répondait en les accu-sant de pessimisme, et en attirant l'attention de la Chambre sur une autre face de cette situation, on disait: Il est possible que souvent, trop souvent, nous le regret-tons comme vous, l'ensemble de l'exercice financier présente un découvert; mais tenez compte de l'amélio-ration que nous avons obtenue, examinez le budget or-dinaire et veuillez considérer que les recettes perma-nentes qui l'alimentent, présentent chaque année un excédant toujours plus fort sur les dépenses, excédant qui forme aujourd'hui la dotation solide, assurée du budget extraordinaire. N'est-ce pas là une situation magnifique?

On ajoutait, et l'honorable M. de Lavenay reproduisait hier encore cette assertion : les budgets extraordinaires ne peuvent jamais compromettre une situation financière.

Et pourquoi, messieurs, les budgets extraordinaires ne pourraient-ils jamais compromettre une situation financière? Est-ce parce qu'ils ne comprendraient que des dépenses purement facultatives, des dépenses qu'on peut toujours, avec une entière liberté, ajourner ou restreindre?

Mais si, après m'avoir ainsi rassuré, vous me dites, quand je demande, sur ce même budget extraordinaire, un retranchement nécessaire à son équilibre vrai, si vous me dites que ce retranchement est impossible et que je dois en convenir moi-même, je suis bien autorisé à vous répondre qu'alors votre distinction entre le budget des dépenses obligatoires et le budget des dépenses facultatives est une pure fiction, et que les dépenses rangées dans la seconde catégorie sont à peu près aussi obligatoires que les autres. Je ne comprends plus alors quel grand intérêt peut offrir, au point de vue de l'appréciation de notre situation financière, votre distinction du budget ordinaire et du budget extraordinaire (Très-bien! sur plusieurs bancs), je ne lui reconnais, pour ma part, à ce point de vue, presque aucune espèce d'intérêt. Ce qui me touche, quand je veux me rendre compte de notre situation, c'est le résultat final, le résultat d'ensemble de chaque exercice.

Eh bien, je soutiens que dans le système que vous suivez, ce résultat final, par la force même des choses, sera souvent, très-souvent un découvert, et que, au contraire, en réservant quelque chose pour l'imprévu, et je suis très-loin de faire à cet imprévu une trop large part, vous éviterez cet immense inconvénient.

Comment, messieurs, pouvez-vous faire une réserve pour l'imprévu? Le pouvez-vous en inscrivant dans le budget des recettes très-supérieures aux dépenses que vous prévoyez, et en laissant ainsi entre les dépenses et les recettes une marge plus ou moins étendue? Non; vous ne le pouvez pas. Toutes les fois que vous voudrez pro-

céder ainsi, vous vous exposerez à une inévitable décep-
tion ; votre marge sera envahie. Tous les intérêts, tous
les besoins légitimes mais impatients, se presseront
contre la limite que vous aurez posée et vous ne pourrez
pas la défendre.

Vous n'avez donc qu'une seule manière de vous mé-
nager des réserves pour l'imprévu et d'éviter ainsi
les découverts ; cette unique manière est celle que j'ai
eu l'honneur de vous indiquer ; elle consiste à évaluer
vos recettes d'une façon rigoureuse, à ne pas escompter
à l'avance les espérances d'accroissement que vous
pouvez concevoir, et surtout à ne pas escompter vos
annulations de crédits. (Assentiment sur plusieurs
bancs.)

Si vous procédez ainsi, j'ai la conviction que vous
arriverez presque immédiatement à cette situation bien
enviable de l'Angleterre. où depuis 1846, si je ne me
trompe, tous les budgets ont été en équilibre, et où le
chancelier de l'échiquier, exposant chaque année au
parlement le résultat de l'exercice, n'a que ce seul
mécompte à avouer : qu'il a reçu plus d'argent qu'il
n'espérait, et qu'il a moins dépensé qu'on avait prévu.

Nous pouvons arriver au même résultat : assurément,
Messieurs, nous le désirons tous ; je suis persuadé, ce
n'est pas ici une forme oratoire, je suis persuadé que
c'est là le désir très-vif du Gouvernement ; je suis non
moins persuadé que c'est le désir très-vif de la Chambre.
(Oui ! oui !) Oui, nous désirons l'équilibre, mais, entre
désirer une chose et la vouloir, il y a loin. Vouloir une
chose, c'est vouloir les moyens légitimes de l'obtenir,
c'est les vouloir avec énergie.

L'honorable M. de Lavenay vous disait, hier, que sans
doute le point de vue financier était un point de vue
important, mais qu'il ne devait pas être exclusif. Pour
moi, j'ai la conviction que non-seulement en ce qui con-
cerne les intérêts matériels, mais encore en ce qui touche

à la politique intérieure et extérieure du pays, le point
de vue financier est à certains égards un point du vue
supérieur. Je suis convaincu que l'équilibre stable des
budgets est la condition de la bonne politique; la bonne
politique contribue à établir cette situation, mais par
contre cette situation inspire la bonne politique.

Remarquez bien, messieurs, que pour atteindre les
résultats si importants que j'indique, pour suivre le
système que je recommande, je n'impose à certains intérêts légitimes qu'une attente d'une année; car si au
bout d'une année vos espérances se sont réalisées, vous
êtes en face d'un surplus de recettes parfaitement acquis
et vous pouvez alors, avec une parfaite tranquillité
d'esprit, vous demander quel est le meilleur usage que
vous puissiez en faire.

En imposant cette très-courte attente, ce léger désa-
grément à des intérêts d'ailleurs légitimes qui réclament
satisfaction, vous assurez, permettez-moi de le dire, au
Gouvernement impérial, la popularité la plus solide, la
popularité du meilleur aloi.

Si vous mettiez le Gouvernement qui a fait, — per-
sonne ne le reconnaît plus sincèrement que moi, —
qui a fait de grandes choses, qui a donné une vive et
féconde impulsion aux travaux publics, à l'industrie,
si vous mettiez ce Gouvernement à même de dire
aujourd'hui à la France : « Cet équilibre qu'on vous
a si longtemps fait espérer et qui était toujours dérangé
au moment où vous le croyiez établi, cet équilibre est
maintenant un fait permanent, et, grâce à la pro-
gression des recettes, nous allons entrer enfin dans
la période des dégrèvements de taxes et de l'amortissement vrai de la dette publique, » vous auriez procuré
au Gouvernement impérial la plus solide popularité,
et vous auriez ôté à ses adversaires leur arme la plus
dangereuse.

Et j'ajoute que si vous considérez, non plus seu-

lement le dedans mais le dehors, vous reconnaîtrez
que le bon état de nos finances est une des conditions les plus indispensables de votre influence. On
a dit, et je n'entends pas contester cette parole sortie
d'une bouche auguste, que l'influence d'une nation
se mesure à sa puissance militaire. Je l'admets jusqu'à
un certain point, mais je me permets d'ajouter que la
puissance militaire d'une nation ne consiste pas exclu-
sivement dans le nombre ni même dans la valeur de
ses soldats, elle consiste aussi dans les ressources financières qui permettent à cette nation de soutenir ses ar-
mées en les approvisionnant largement de tout ce qui
leur est nécessaire. (Très-bien, très-bien !)

Je suis convaincu que les puissances étrangères qui
étudient avec un soin jaloux l'état de nos affaires
seraient plus vivement impressionnées par le fait bien
constaté d'une situation financière excellente et parfaitement dégagée que par l'inscription au frontispice
d'une loi d'un chiffre formidable de soldats. (Vives
marques d'approbation sur divers bancs.)

DISCOURS

DE

M. ÉMILE OLLIVIER

Député au Corps Législatif

SUR LA

POLITIQUE INTÉRIEURE

(Session de 1867. — 12 juillet.)

BROCHURE IN-12 : 15 CENTIMES

TRAITÉ ÉLÉMENTAIRE

DE LÉGISLATION USUELLE

rédigé conformément au programme

PRESCRIT PAR

S. EXC. M. DURUY

Ministre de l'Instruction publique

PAR

A. CARRÉ

Docteur en droit, Avocat, suppléant du Juge de paix, chargé du Cours
de droit au Lycée impérial de Tours

Un volume in-18 : 3 francs

(Envoi franco contre le prix en timbres-poste)

LETTRES MÉDICALES

D'UN VÉTÉRAN

DE L'ÉCOLE DE BRETONNEAU

A M. LE PROFESSEUR TROUSSEAU

ET AUTRES

Pour mettre un terme à des erreurs professées sur les
maladies éruptives et la spécificité

Par J.-F. MIQUEL, Docteur-Médecin

Un vol. in-8, broché. Prix : 7 francs.

Chez tous les libraires, et à Paris, à la librairie GERMER-
BAILLIÈRE, 17, rue de l'École-de-Médecine.

Sous presse pour paraître prochainement :

RÉSUMÉ

DES PRINCIPES GÉNÉRAUX

D'ÉCONOMIE POLITIQUE

A l'usage des classes ouvrières

Par Charles PALANGIÉ
Avocat (du barreau de Marseille)

Édition populaire. — Prix : 50 centimes.

Tours.— Imp. Ernest Mazereau et Cie, passage Richelieu, 11.